# BEI GRIN MACHT SICH IHR WISSEN BEZAHLT

- Wir veröffentlichen Ihre Hausarbeit, Bachelor- und Masterarbeit

- Ihr eigenes eBook und Buch - weltweit in allen wichtigen Shops

- Verdienen Sie an jedem Verkauf

Jetzt bei www.GRIN.com hochladen und kostenlos publizieren

**Bibliografische Information der Deutschen Nationalbibliothek:**

Die Deutsche Bibliothek verzeichnet diese Publikation in der Deutschen Nationalbibliografie; detaillierte bibliografische Daten sind im Internet über http://dnb.d-nb.de/ abrufbar.

Dieses Werk sowie alle darin enthaltenen einzelnen Beiträge und Abbildungen sind urheberrechtlich geschützt. Jede Verwertung, die nicht ausdrücklich vom Urheberrechtsschutz zugelassen ist, bedarf der vorherigen Zustimmung des Verlages. Das gilt insbesondere für Vervielfältigungen, Bearbeitungen, Übersetzungen, Mikroverfilmungen, Auswertungen durch Datenbanken und für die Einspeicherung und Verarbeitung in elektronische Systeme. Alle Rechte, auch die des auszugsweisen Nachdrucks, der fotomechanischen Wiedergabe (einschließlich Mikrokopie) sowie der Auswertung durch Datenbanken oder ähnliche Einrichtungen, vorbehalten.

**Impressum:**

Copyright © 2008 GRIN Verlag, Open Publishing GmbH
Druck und Bindung: Books on Demand GmbH, Norderstedt Germany
ISBN: 9783640508020

**Dieses Buch bei GRIN:**

http://www.grin.com/de/e-book/141070/die-rolle-der-kunst-im-spiegel-der-neuroaesthetik

André Schmiljun

# Die Rolle der Kunst im Spiegel der Neuroästhetik

GRIN Verlag

**GRIN - Your knowledge has value**

Der GRIN Verlag publiziert seit 1998 wissenschaftliche Arbeiten von Studenten, Hochschullehrern und anderen Akademikern als eBook und gedrucktes Buch. Die Verlagswebsite www.grin.com ist die ideale Plattform zur Veröffentlichung von Hausarbeiten, Abschlussarbeiten, wissenschaftlichen Aufsätzen, Dissertationen und Fachbüchern.

**Besuchen Sie uns im Internet:**

http://www.grin.com/

http://www.facebook.com/grincom

http://www.twitter.com/grin_com

Humboldt – Universität
zu Berlin
Institut für Philosophie

# Die Rolle der Kunst im Spiegel der Neuroästhetik

von

André Schmiljun

Sommersemester 2008

## Inhaltsverzeichnis

Einleitung ................................................................................................ 04

**Ramachandran und Hirnstein: „The Science of Art. A neurological theory of aethetic experience, in: Journal of Cousciousness"**

Einführung, Konzept und Vorgehensweise ............................................. 06
Die Suche nach dem Wesen in den Dingen ............................................. 07
Peak-Shift-Effect ..................................................................................... 09
Essenzen lassen nicht erkennen! ............................................................ 10

**„Art and the Brain" – Semir Zeki**
Künstler sind Neurobiologen .................................................................. 12

Schlussfolgerungen ................................................................................ 16
Bibliographie .......................................................................................... 18

# Einleitung

Es wäre nicht vermessen zu sagen, dass die Frage, was ist Schönheit, bereits Generationen von Denkern verschiedenster Strömungen beschäftigt hat. Vor allem in der philosophischen Disziplin, der Ästhetik, ist über Jahrhunderte versucht worden, Erklärungen und Regeln aufzubringen, um dem Phänomen des Schönen auf den Grund zu gehen.[1] Mit welcher Systematik können beispielsweise Aussagen bewertet werden wie: „Ich finde dieses Gemälde, anders als jene Skulptur, schön". Eine vielversprechende Lösungsmöglichkeit bieten die erst seit einiger Zeit vielseitig betriebenen Diskussionen innerhalb des neuen wissenschaftlichen Forschungszweiges, der Neuroästhetik. Der interdisziplinäre Zusammenschluss von Neurobiologie und Ästhetik verfolgt das Ziel, Erkenntnisse der Geisteswissenschaften für die Erforschung des menschlichen Gehirns zu nutzen. Bisher gestaltete sich die Basis neurobiologischer Literatur zum Thema Kunst und Schönheit sehr übersichtlich. Inzwischen jedoch ist das Interesse gewachsen, die Beziehung zwischen Kunst und Gehirn genauer zu studieren, herauszufinden, wie sich ideale Schönheit in den Hirnaktivitäten darstellt, welches Verhältnis zwischen Schönheit und Belohnung oder Lust besteht und schließlich wie sich Kreativität im Gehirn niederschlägt.

Die vorliegende Arbeit rückt zwei auf diesem Gebiet seit langem etablierte Beiträge zum einen von Semir Zeki sowie zum anderen von Ramachandran und Hirnstein in einen Vergleich. Dieser soll sich an der Fragestellung orientieren, welchen Stellenwert die Autoren der Kunst mit Blick auf einen konstruktiven Austausch zur Neurobiologie einräumen. Dazu werden beide neuroästhetischen Konzepte zunächst besprochen und die Unterschiede und Parallelen der jeweiligen Kunstdefinitionen vorgestellt. Abschließend wird die Analyse zu dem Ergebnis gelangen, dass Ramachandran, Hirnstein und Zeki in ihren Beschreibungen, was Kunst ist und leistet, nicht weit voneinander entfernt liegen: Ihre Überlegungen erweisen sich als stark verkürzt und funktionalistisch und veranlassen zu der Annahme, dass wichtige historisch-philosophische Debatten für die wissenschaftliche Reflexion unberücksichtigt blieben.

Fachliche Ergänzung für die nachfolgende Erörterung war zum einen die Dissertation von Imke Kreiser, die einen übergeordneten Vergleich zwischen den Künsten, der Malerei, Musik und Dichtung gegenüber der Neurobiologie herstellt und gleichsam

---

[1] Kreiser, Imke, Laokoon im einundzwanzigsten Jahrhundert oder die Neurobiologie der Ästhetik, Diss., Bochum 2002, S. 44 f.

eine Theorie zum Verständnis ästhetischer Wahrnehmung unter den gegenwärtigen neurobiologischen Erkenntnissen formuliert. Als Einstiegs- und Überblickslektüre zur Theoriengeschichte über konkurrierende Forschungsmeinungen empfahl sich zum anderen der Sammelband der Autoren Rentschler, Herzberger und Epstein.[2] Spannend und ebenso nützlich, insbesondere als Kompass, um die zum Teil schwierigen und komplexen neurobiologischen Zusammenhänge begreifen zu können, zeigten sich die Publikationen von Gerhard Roth. Verwiesen sei unter anderem auf seine älteren Werke, so zum Beispiel: „Das Gehirn und seine Wirklichkeit"[3] aus dem Jahr 1997 oder „Aus Sicht des Gehirns"[4] aus dem Jahr 2003.

---

[2] Rentschler, Ingo; Herzberger, Barbara; Epstein, David (Hrsg.), Beauty and the Brain. Biological Aspects of Aesthetics, Basel/ Boston/ Berlin 1988.
[3] Roth, Gerhard, Das Gehirn und seine Wirklichkeit. Kognitive Neurobiologie und ihre philosophischen Konsequenzen, Frankfurt/ Main 1997.
[4] Ders. Aus Sicht des Gehirns, Frankfurt/Main 2003.

## Ramachandran und Hirnstein: „The Science of Art. A neurological theory of aethetic experience"

Einführung, Konzept und Vorgehensweise
Kann man die Frage nach dem Schönen wissenschaftlich untersuchen und gibt es Regeln, mit denen sich sinnvolle Prognosen erstellen lassen, die einem aufzeigen, wann wir einen Gegenstand als ästhetisch einordnen und angenehm empfinden?[5] Folgt man den Ausführungen von Ramachandran und Hirnstein in ihrer 1999 veröffentlichen Untersuchung „The Science of Art" können beide Fragen positiv beantwortet werden. „The details may vary from culture to culture and may be influenced by the way one is raised, but it doesn't follow that there is no genetically specified mechanism – a common denominator underlying all types of art."[6] Obwohl jede Kultur ihre unterschiedlichen Vorstellungen von Schönheit und ein anderes, weil aus einer individuellen historischen Entwicklung resultierendes Verständnis von Kunst besitzt, so Ramachandran und Hirnsteins einführende Überlegung, ist nicht auszuschließen, dass sich übergreifende, durch die Wissenschaft bestimmbare Kriterien anführen lassen können. Ihr Ansatz sieht deshalb vor, eine Kunsttheorie zu entwerfen, wonach Kunst auf der Grundlage einer logischen Konzeption und nachvollziehbarer Muster analysierbar ist, welche zweitens rational in Bezug auf ihre Ursache und Wirkung begriffen und drittens in ein Verhältnis zu neurobiologischen Erkenntnissen gebracht werden kann. Gleichfalls räumen sie zu Beginn ihrer Untersuchung ein, dass sie sich von einem anarchistischen Standpunkt vergleichbar der populären Zuspitzung „Anything goes" distanzieren möchten und umgekehrt der Auffassung sind, dass Künstler bewusst oder unbewusst verschiedenen Gesetzen folgen, um bestimmte visuelle Regionen in unserem Gehirn anregen zu können, sodass wir unmittelbar ein Wohlbefinden in der Betrachtung des Gegenstandes verspüren. Anknüpfend daran besteht ihre methodische Vorgehensweise darin, eine Auswahl all jener Merkmale in Bildern zu erstellen, die für gewöhnlich als schön bezeichnet werden, um in einem weiteren Schritt nach einem möglicherweise zugrundeliegenden Gesetz zu fragen und schließlich eine Erklärung über die Zusammenhänge zu geben. „Our approach to art [...] will be to beginn by simply

---

[5] Vgl. Paul, Gregor, Philosophical Theories of Beauty and Scientific Research on the Brain, in: Rentschler, Ingo; Herzberger, Barbara; Epstein, David (Hrsg.), Beauty and the Brain, S. 17 ff.
[6] Ramachandran, V. S. und Hirnstein, William, „The Science of Art. A neurological theory of aethetic experience, in: Journal of Cousciousness, 6 (1999), 16.

making a list of all those attributes of pictures that people generally find attractive. Notwithstanding the Dada movement, we can then ask, is there a common pattern underlying these apparently dissimilar attributes, and if so, why is his pattern pleasing to us? What is the survival value, if any, of art?"[7]

Ramachandran bewertet diesen Vorstoß zwei Jahre nach Veröffentlichung in einem Interview als einen Versuch, einen gemeinsamen fruchtbaren Dialog zwischen Künstlern und Neurowissenschaftlern, Wahrnehmungspsychologen und Kunsthistorikern anzustoßen. „We mainly did it for fun. Also we hoped the essay would serve to generate a useful dialogue between artists, neuroscientists, perceptual psychologists and art historians – to bridge two cultures."[8]

Die Suche nach dem Wesen in den Dingen

Die Frage, was ist Kunst, beantworten Ramachandran und Hirnstein mit einem aus der hinduistischen Kunsttradition entlehnten Gedanken, dass die Aufgabe eines Künstlers vorrangig darin besteht, das Essentielle eines Gegenstandes widerzuspiegeln, um den Beobachter emotional zu berühren. „Hindu artists often speak of conveying the rasa, or ‚essence', of something in order to evoke a specific mood in the observer." Und weiter schreiben sie: „Indeed, as we shall see, what the artist tries to do (either consciously or unconsciously) is to not only capture the essence of something but also to amplifiy it in order to more powerfully activate the same neuronal mechanisms that would be activated by the original object."[9] Ramachandran und Hirnstein schlagen also vor, dass jeder Künstler zunächst mit der Suche nach der Essenz in den Dingen befasst ist und sich schließlich darum bemüht, dieser [der Essenz] in ihren Kunstwerken unbewusst oder bewusst mehr Ausdruck zu verleihen. Der zweite Teil ihrer Behauptung besagt, dass durch die Betonung der Essenz die im menschlichen Gehirn auftretende neuronale Aktivität verstärkt werden könne, was für gewöhnlich bei bloßer Betrachtung nicht möglich wäre. Was aber heisst es, einen Gegenstand nach seiner Essenz zu untersuchen? Was bedeutet Essenz?

An den Begriff der Essenz knüpft sich eine umfangreiche, schon in der Antike von prominenten Philosophen geführte Debatte, ob die Gegenstände in der Natur wesentliche und nicht wesentliche, modern formuliert, notwendige und akzidentelle

---

[7] Ders., S. 16.
[8] Ders., Sharpening Up ‚The Science of Art'. An Interview with Anthony Freeman, in: Journal of Consciousness Studies, 8 (2001), S. 9.
[9] Ramachandran, V. S. und Hirnstein, William, The Science of Art. A neurological theory of aethetic experience, in: Journal of Consciousness, 6 (1999), 16.

Eigenschaften besitzen. Einer der ersten Vertreter dieser Position – des sogenannten klassischen Essentialismus – war Aristoteles. Ihm zufolge befindet sich in jedem denkbaren Gegenstand eine lokalisierbare Essenz, die ihm von Beginn an als „universalia in rebus" auszeichnet.[10] Hintergrund dessen ist Aristoteles' Naturmodell, worin er die Welt in primäre und sekundäre Substanzen typologisiert. Merkmale der primären Substanzen, von Aristoteles allgemein als Stoff *(hýlē)* oder Materie bezeichnet, sind Unbeständigkeit, Zufälligkeit sowie Wandelbarkeit. „Also der Stoff *(hýlē)*, welcher neben dem in der Regel Stattfindenden auch etwas anderes zulässt, ist die Ursache des Akzidentellen" (Metaphysik, 1027a13). „Akzidens [wiederum] nennt man dasjenige, was sich zwar an etwas findet und mit Wahrheit von ihm ausgesagt werden kann, aber weder notwendig noch in den meisten Fällen sich findet, z.B. wenn jemand beim Graben eines Loches für eine Pflanze einen Schatz fand" (Metaphysik, 1025a13). Im Gegensatz zu den primären Substanzen sind die sekundären Substanzen[11] unveränderlich und konstant, da sie sich nicht aus Materie oder Stoff zusammensetzen: „Wesenheit (Substanz) ohne Stoff aber nenne ich das Wesenwas *(eidos)*" (Metaphysik, 1032b14-15). Laut Aristoteles trifft dieses Charakteristikum auch auf die Essenz zu. Sie wird von ihm als dasjenige verstanden, was einen Gegenstand durch den Besitz eines bestimmten Merkmals von anderen Gegenständen notwendig unterscheidet. Die aristotelischen und von Ramachandran und Hirnstein ins Spiel gebrachten Überlegungen überschneiden sich nun insofern als beide Ansätze die Ontologie von Essenzen in der Natur vorauszusetzen oder zumindest das Erkennen von Essenzen annehmen.[12] Aristoteles schreibt: „Es ist offenbar, dass die Form, oder wie man sonst die Gestaltung *(morphé)* des Sinnlichen nennen soll, nicht wird, und daß es keine Entstehung derselben gibt, und daß ebenso wenig das Wesenwas entsteht, denn dies, die Form, ist vielmehr dasjenige, was in einem anderen wird, durch Kunst oder durch Natur oder durch das Vermögen des Hervorbringens" (Metaphysik, 1033b5-8). Ähnlich wie Aristoteles erwecken Ramachandran und Hirnstein den Eindruck, als könne jeder Gegenstand problemlos auf seine wesentlichen und nicht wesentlichen Eigenschaften analysiert werden, als müsse sich - angewendet auf ihren Fall – der Künstler nur ein wenig konzentrieren, um schließlich Erfolg bei der Identifikation der Menge aller wichtigen und nicht wichtigen Eigenschaften des betrachtenden Objektes zu haben. Dass sich mit dieser

---

[10] Vgl. Stamos, David, The Species Problem, New York 2003, S. 102.
[11] Gotthelf, Allan, Lennox, James (Hrsg.), Philosophical Issues in Aristotele' Biology, Cambridge 1987, S. 341 f.
[12] Vgl. Pellegrin, Pierre, Aristotele's Classification of Animals, Berkeley 1986, S. 108.

Strategie verschiedene Zweifel verbinden lassen und einige Kritikpunkte assoziieren, soll zu einem späteren Zeitpunkt noch einmal ausführlicher und mit entsprechender Begründung dargelegt werden.

Peak-Shift-Effect

Ein viel zitiertes und nicht unumstrittenes Beispiel, das Ramachandran und Hirnstein als Kandidaten zur Untersuchung des nomologischen Charakters von Schönheit anführen, ist der Peak-Shift-Effect, der ursprünglich in der Tierlernpsychologie Anwendung findet. In einem Experiment haben Wissenschaftler einer Ratte beigebracht, einen Kreis von einem Viereck zu unterscheiden, in dem sie diese regelmäßig bei Auftauchen des Vierecks belohnten. Ergebnis ihres Experimentes war, je länger die Kanten des Vierecks waren, desto größer nahm sich anschließend die Reaktion der Ratte auf das Viereck aus. „This curious result implies that what the rat is learning is not a prototype but a rule, i.e. rectangularity."[13]

In einem anderen Fall zeichnet ein Cartoonist eine Karikatur des ehemaligen Präsidenten Nixon. Um die Besonderheit seines Gesichtes und damit einen Unterschied gegenüber dem durchschnittlichen menschlichen Gesicht heraus zu kristallisieren, wird der Cartoonist die wichtigsten Eigenschaften, die wesentlichen Merkmale Nixons Gesicht festhalten und schließlich diese zur Erzeugung einer Karikatur betonen. „What he [the artist] does (unconsciously) is to take the average of all faces, substract the average from Nixon's face (to get the difference between Nixon's face and all the others) and then amplify the difference to get a caricature."[14] Ob im Experiment oder im zuletzt geschilderten Beispiel, beide Male zeigt sich, worauf der Peak-Shift-Effect abhebt.

Die Idee ist es, dass durch die Fixierung und bewusste Herausstellung der gegenstandstypischen Eigenschaften zum einen neuronale Areale im Gehirn stimuliert werden, welche zum anderen uns einen Gegenstand als schön empfinden lassen. Deshalb schreiben Ramachandran und Hirnstein: „It is as though the artist was been able to intuitively access and powerfully stimulate neural mechanisms in the brain that represent „amorousness'."[15] Ungeklärt bleibt jedoch, um welche neuronalen Mechanismen es sich handelt und wie genau der kausale Zusammenhang

---

[13] Ramachandran, V. S. und Hirnstein, William, „The Science of Art. A neurological theory of aethetic experience, in: Journal of Consciousness, S. 18.
[14] Ders., S. 18.
[15] Ders., S. 18.

zu interpretieren ist.[16] Wie am Beispiel der Figur der Göttin Parvati (Bild 1) bleibt unklar, weshalb die hervorgehobenen weiblichen Brüste und Hüften auf den Betrachter eine angenehme Wirkung haben müssen. Außerdem schließt sich die bereits im vorherigen Kapital aufgeworfene Fragestellung an, ob die herausgestellten Merkmale tatsächlich als wesentlich zu charakterisieren sind und ob diese nicht vielmehr einer willkürlichen Auswahl entspringen.

Essenzen lassen nicht erkennen!
Einen historisch interessanten Einwand gegen die von Ramachandran und Hirnstein offenbar zugrundeliegende Annahme, Essenzen könnten von Künstlern problemlos erkannt werden, liefert John Locke in seinem „Versuch über den menschlichen Verstand"[17]. Essenz, wie Locke erklärt, stellt „das eigentliche Sein eines Dinges, wodurch es ist, was es ist"[18] dar. Gleichwohl unterscheidet er zwei Formen der Essenz, einerseits die nominale und andererseits die reale Essenz.
Die nominale Essenz betrifft all die den Sinnen zugänglichen Eigenschaften einer Substanz wie zum Beispiel die Farbe eines Metalls, der Geruch eines Parfums oder der Geschmack eines Apfels. Die reale Essenz dagegen meint die außerhalb der Wahrnehmung stehenden Eigenschaften, die dem menschlichen Verstand verborgen bleiben. Um diesen Sachverhalt besser zu veranschaulichen, wählt Locke das Beispiel des Goldes. Eigenschaften, die nominal sind, können über unsere Wahrnehmung überprüft werden wie die Tatsache, dass Gold glänzend, geruchlos, gelblich und schwer ist. Zum anderen lassen sich kausale oder dispositionale Eigenschaften von Gold dank chemischer und physikalischer Experimente zu Protokoll geben wie die Löslichkeit in Königswasser, einer Mischung aus Salpeter- und Salzsäure, oder der Schmelzpunkt bei einer Wärmezufuhr ab 1063 Grad Celsius. Sowohl die sinnlichen als auch die kausalen Eigenschaften der nominalen Essenz ordnet Locke dem Bereich der Erfahrung unter.
Als Vertreter des Konzeptualismus definiert Locke den Menschen als ein Wesen, dessen Eindrücke, Erfahrungen und Berichte über die Welt Ideen *(idea)* sind. In der Form der Idee kann der Mensch die Welt begreifen, ihr Bedeutung geben und Strukturen verleihen. Dabei betont Locke, dass es unmöglich ist, eine notwendige Eigenschaft oder nominale Essenz an einer Substanz festzustellen. Wenn wir uns

---
[16] Vgl. Eibl-Eibesfeldt, Irenäus, The Biological Foundation of Aesthetics, in: Rentschler, Ingo; Herzberger, Barbara; Epstein, David (Hrsg.), Beauty and the Brain, S. 40.
[17] Locke, John, Versuch über den menschlichen Verstand, Bd. 2, Hamburg 1988.
[18] Locke, 3.3.16.

beispielsweise überlegen, was die notwendige Eigenschaft des Goldes ist, werden sich verschiedene Auswahlmöglichkeiten anbieten. So mag der eine die molare Masse von 197g/mol entscheidend, ein anderer die Dichte von 19,3g/cm³ und ein dritter den Elektronegativitätswert 2,4 finden. Locke gibt diesen Gedanken an zwei Stellen im dritten Buch wieder: „Es kann auch niemand erklären, weshalb das Wort Gold, das die Körperart bezeichnet, woraus der Ring an seinem Finger gemacht ist, diese Art besser nach Farbe, Gewicht und Schmelzpunkt bestimmen sollte als nach Farbe, Gewicht und Lösbarkeit in *aqua regia*." Des Weiteren heißt es: „Denn [...] stellen verschiedene Leute verschiedene Eigenschaften an derselben Substanz fest; und ich glaube sagen zu dürfen, daß kein Mensch alle Eigenschaften wahrnnimmt. Aus diesem Grunde besitzen wir nur sehr unvollkommene Beschreibungen von den Dingen, und aus diesem Grunde haben auch die Wörter eine sehr unsichere Bedeutung."[19] Wenn es allerdings keine notwendige nominale Essenz einer Substanz geben kann, ist das Risiko groß, sich in eine zirkuläre Argumentation zu verstricken, weil jede Bestimmung und jedes Gesetz, die aufgestellt werden, gleichermaßen somit einer Beliebigkeit ausgesetzt sind.

Um dieses Missverständnis zu umgehen, führt Locke die reale Essenz ein, ein metaphysisches Konstrukt, dass in jeder Substanz enthalten und einer Art atomarer oder basaler Mikrostruktur vergleichbar ist. Die reale Essenz eines Stoffes bietet das Grundgerüst für höher stufige, emergente Eigenschaften, die auf der Ebene der menschlichen Wahrnehmung liegen.[20] Die reale Essenz ist für den Menschen praktisch unsichtbar und geht dem Erfassungsvermögen des Verstandes ab.

Die Konsequenzen, die sich aus dem dualen Essenzverständnis ableiten, sind, dass erstens die wesentlichen realen Eigenschaften in den Dingen nicht erkennbar sind und zweitens jeder Versuch, notwendige nominale Essenzen zu qualifizieren, scheitern muss. „Dennoch meine ich, dürfen wir sagen, daß die Klassifizierung unter Namen das Werk des Verstandes ist, der auf Grund der Ähnlichkeit, die er bei ihnen beobachtet, veranlaßt wird abstrakte Ideen zu bilden."[21] Mit diesem Einwand wendet sich Locke gegen klassischen Essentialismus, explizit gegen die Auffassung von Ramachandran und Hirnstein, die Wesenheit lasse sich von Menschen erfassen.[22] Überdies stellt Locke die Möglichkeit fixer Grenzen und klar bestimmbarer

---

[19] Locke, 3.9.17.
[20] Vgl. Ereshefsky, Marc, Matthen, Mohan, Taxonomy, Polymorphism and History: An Introduction to Population Structure Theory, in: Phylosophy of Science, 72 (2005), S. 4.
[21] Locke, 3.3.13.
[22] Vgl. Liske, Michael-Thomas, Aristoteles und der aristotelische Essentialismus, München 1985, S.80.

Festlegungen von Begriffen in Frage, die wir alltäglich gebrauchen, weil diese subjektiver Bedeutungspräferenzen unterliegen.[23] Zu diesen lassen sich aber nicht nur das erwähnte Beispiel des Goldes anfügen, sondern auch Arten und Essenzen.

## „Art and the Brain" – Semir Zeki

Künstler sind Neurobiologen

Gleich zu Beginn der Einleitung in seiner 1999 erschienen Publikation „Inner Vision. An Exploration of Art and Brain" gibt Semir Zeki den Clou seiner Überlegung preis: Kunst und Neurobiologie sind nicht etwa, wie man möglicherweise denken möchte, zwei höchst verschiedene Disziplinen, sondern teilen ihm zufolge eine wichtige Gemeinsamkeit.[24] Diese besteht darin, dass sowohl der Künstler als auch der Neurobiologe denselben Zielen folgen. Beide, so der Autor, würden sich in ihrer Arbeit mit Essenzen beschäftigen, der Neurobiologe, weil das Gehirn, wie Zeki schreibt, ausschließlich Kenntnis über wesentliche Eigenschaften an Objekten sammelt[25] und jener [der Neurobiologe] diese zugunsten seines Verständnisses über die Abläufe im Gehirn aufschlüsseln müsse, der Künstler andererseits, weil das Filtrieren des Essentiellen der Realität mehr Ausdruck verliehe.

Die zuletzt genannte Begründung stützt Zeki mit einem Zitat von Henri Matisse: „Underlying this succession of moments which constitutes the superficial existence of things and beings, and which is continually modifying and transforming them, one can search for a truer, more essential character, which the artist will seize so that he may give to reality a more lasting interpretation."[26] Zeki räumt ein, dass über Kunst in der Vergangenheit jede Menge geschrieben worden sei. Dennoch hätte es bisher keine Bemühungen gegeben, einen Zusammenhang zwischen der Frage, wie das Sehen im menschlichen Gehirn funktioniere, mit ästhetischen Grundlagenforschungen herzustellen. „Why do we see at all? It is the question that immediately reveals a parallel between the function of art and the function of the brain."[27]

Die These, dass Neurobiologen Künstler sind, drückt nicht zuletzt Zekis Hoffnung aus, dass durch wissenschaftliche Experimente in naher Zukunft heraus gefunden

---

[23] Vgl. Stamos, S. 41.
[24] Vgl. Zeki, Semir, Inner Vision. An Exploration of Art an Brain, Oxford 1999, S. 1.
[25] Ders. Art and the Brain, in: Daedalus, 127 No. 2, S. 2. Im originalen Text bemerkt Zeki hierzu: „The brain is only interested in obtaining knowledge about those permanent, essential or characteristic properties of objects and surfaces that allows it to categorise them."
[26] Ders, S. 4.
[27] Ders., S. 1.

werden kann, welche neuronalen Voraussetzung für das Empfinden von Schönheit existieren, also wie das Schöne neuronal im Gehirn realisiert ist. Ähnlich wie bei Ramachandran und Hirnstein stellt Zeki seiner Analyse eine Kunstdefinition voran. Er schreibt: „I shall thus define the general function of art as search for the constant, lasting, essential and enduring features of objects, surfaces, faces, situations, and so on, which allows us to acquire knowledge not only about the particular object, or face, or condition represented on the canvas but to generalise from that to many other objects and thus acquire knowledge about a wide category of objects or faces. In this process, the artist, too, must be selective and invest his work with attributes that are essential, and discard much that is superfluous."[28] Auffällig in diesem Zitat sind die Überschneidungen zu Ramachandran und Hirnstein, wenn man sich vergegenwärtigt, dass diese den Künstler ebenfalls als jemanden einordnen, der das Wesentliche vom Unwesentlichen an den Gegenständen zu trennen vermag. Zeki, Ramachandran und Hirnstein verwenden sich in ihren Kunstdefinitionen für einen Standpunkt, der das Aufgabenfeld des Künstlers ausschlaggebend mit dem Kriterium in Verbindung bringt, den Künstler auf das Erfassen essentieller Strukturmerkmale der Welt zu reduzieren. Zeki bemerkt hierzu: „In order to represent the real world, the brain (or the artist) must discount („sacrifice') a great deal of the information reaching it (or him), information which is not essential to its (or his) aim of representing the true character of objects."[29] Oder: „To summarise, therefore, both the brain and one of its products, art, have a task, which in the words of artists themselves, is to depict objects as they are. And both face the problem, which is how to destil from the ever changing information in the visual world only that which is important to represent the permanent, essential characteristics of objects."[30] Die Beobachtungen der drei Autoren laufen jedoch konform mit der Einschätzung des Bremer Neurobiologen Gerhard Roth, der Wahrnehmung und Sehen als einen aktiven Prozess und nicht als „bloße Widerspiegelung der Dinge"[31] verstanden wissen will. „Das dürfte auch der Realist zugeben, wenn er ein kritischer und kein naiver Realist ist", kommentiert Roth, „denn es geht den Tieren und uns Menschen bei der Wahrnehmung ja nicht darum, die Welt so zu erfassen, wie sie tatsächlich ist. Dies wäre erstens völlig unmöglich, denn nur ein kleiner Teil dessen, was in der Welt

---

[28] Ders., S. 4.
[29] Ders., S. 4.
[30] Ders., S. 5.
[31] Roth, Gerhard, Aus Sicht des Gehirns, S. 71. Aber auch: Roth, Gerhard, Das Gehirn und seine Wirklichkeit, S. 78 f.

passiert, kann überhaupt unsere Sinnesorgane erregen, und zweitens wäre es auch völlig unnütz, denn nur weniges in der Welt ist für uns von Bedeutung."[32] Roths Schilderungen liefern nun nicht weniger als ein konstruktives Fundament, um sich die neurobiologischen Kunstauffassungen erklären zu können. Diese hängen nämlich von einer bestimmten Theorie der Wahrnehmung ab, in den Fällen von Ramachandran, Hirnstein und Zeki offensichtlich von einer Theorie, wie sie Roth wiederum treffend darlegt: „Wahrnehmung beruht also nicht auf einer direkten Abbildung der Welt, einer bloßen Kopie, aber doch auf einer systematischen, wenngleich ausschnitthaften, hervorgehobenen und abgeschwächten Repräsentation der Welt im Gehirn, die mit der spezifischen Überlebenssituation des Organismus eng zusammenhängt. Wie könnte der Organismus auch überleben, wenn er nicht das ‚Wesentliche' seiner Umwelt erfasste?"[33] Die Meinung, dass Wahrnehmung und Kunst eng miteinander verknüpft sind, vertritt aber nicht nur Roth. Auch Imke Kreiser gelangt in ihrer Dissertation zu der Überzeugung: „Die Theorie der Ästhetik, ihrem Ursprung nach eine philosophische Disziplin, ist untrennbar mit der Theorie der Wahrnehmung verbunden, die ihrerseits einen gemeinsamen Gegenstand der Disziplinen Psychologie und Neurobiologie darstellt."[34] Gleiches liest sich bei Olaf Breidbach, der als Einstieg in seine Analyse folgendermaßen beginnt: „Der vorliegende Band ist ein Versuch. Er betrachtet die Anschauung. Das Anschauen, so die Leitthese dieser Monographie, ist dabei nicht einfache Reproduktion. In der Anschauung fängt sich nicht eine bloß objektive, außer dem Ich liegende Welt. Die Gestaltung, die die Reizmuster in der Anschauung erfahren, sind Äußerungen einer Innenwelt des Ichs, die die Bilder der Realität schon vor einer rational-reflexiven Sicherung strukturieren. Das Bild der Welt ist insoweit immer auch Bild einer Eigenwelt des Ichs."[35] Mithilfe der herangezogenen Zitate lässt sich der Grund konstruieren, weshalb Ramachandran, Hirnstein und Zeki Kunst vor allem mit der Fähigkeit in Beziehung stellen, Essenzen in der Welt aufzuschlüsseln. Ihre Vorstellung von Wahrnehmung und der Funktionsweise des Gehirns fungieren als Vergleichsmodell für ihre Kunstdefinition. So bemerkt Zeki bespielsweise: „Essentially, this is what the brain does – seizing from the continually changing information reaching it the more essential one, distilling from the successive views

---

[32] Ders., S. 72.
[33] Ders., S. 72.
[34] Kreiser, Imker, Laokoon im einundzwanzigsten Jahrhundert, S. 13.
[35] Breidbach, Olaf, Das Anschauliche oder über die Anschauung von Welt. Ein Beitrag zur Neuronalen Ästhetik, Wien/New York 2000, S. 1.

the essential character of objects and situations"[36] Ramachandran und Hirnstein dagegen drücken sich zurückhaltender aus und betonen, dass unser Gehirn auf besonders stark hervorgehobene Dinge (Essenzen) besonders stark reagiere, also bestimmte Mechanismen auf neuronaler Ebene aktiviert werden würden, die mit essentiellen Eigenschaften korrelieren. „The sculptor knows, consciously or not, that the sight of those postures will evoke a certain sort of limbic activation when the posture is successfully represented in the postures space system [...]."[37]

---

[36] Zeki, Art and the Brain, in: Daedalus, 127 No. 2., S. 5.
[37] Ramachandran, V. S. und Hirnstein, William, „The Science of Art. A neurological theory of aethetic experience, S. 19.

Schlussfolgerungen

Vergleicht man die Ansätze von Ramachandran, Hirnstein und Zeki lassen sich unterschiedliche Schwerpunkte erkennen. Für Ramachandran und Hirnstein bietet sich mit der Neuroästhetik eine Gelegenheit, Kunst und die Frage nach Schönheit über eine analytisch- nomologische Untersuchung zu hinterfragen. Ihre Theorie wirft dabei insbesondere Licht auf den Künstler, dessen Methode unbewusst oder bewusst eine Gesetzmäßigkeit erzeugt, die sich direkt auf die neurobiologische Konstitution des Gehirns auswirkt. Diese Gesetzmäßigkeit ist nach Meinung von Ramachandran eine Ursache, warum ein Bild in uns Wohlgefallen auslöst und ein anderes dagegen nicht. Wenngleich Ramachandran und Hirnsteins Beitrag revolutionär für die Kunstgeschichte zu sein scheint, äußert sich Ramachandran sehr vorsichtig über seine Arbeit: „My point is not that culture is not important but that it's what most people study – it's called art history. On the other hand almost no real progress has been made in understanding universal principles that cut across cultures and that's what interests me as a scientist. Even if only 10% of art turn out to be lawful it's that 10% that interests me, not the unlawful 90% that interets sociologists and historians."[38]

Überraschender demgegenüber ist Zekis provokante Behauptung, dass Künstler Neurobiologen sind. Begründet wird dies von Zeki mit der Tatsache, dass in beiden Tätigkeitsfeldern offenbar dieselben Ziele angestrebt werden und dieselben Ausgangsvoraussetzungen vorliegen. „Many might consider aesthetics to be a unified and singular attribute, a higher mental activity, no doubt empowered by the brain but not especially or uniquely related to any specific part of it; the notion of fractionating art and localising aesthetics neurologically in the way that I shall propose might surprise or even shock them."[39]

Eine große Übereinkunft indessen teilen Ramachandran, Hirnstein und Zeki in Bezug auf ihre Kunstdefinitionen. Charakteristisch in beiden neuroästhetischen Analysen ist eine funktionalistische und streng einseitige Beschreibung des Aufgabenspektrums eines Künstlers. Dies lässt sich daran festmachen, dass sowohl Ramachandran und Hirnstein als auch Zeki ihr Grundverständnis von Kunst vordergründig mit einem Essentialismus koppeln, der teilweise an die aristotelische Substanzlehre oder an Schopenhauers philosophische Ausführungen in seinem Hauptwerk „Die Welt als

---

[38] Ramachandran, Sharpening Up ‚The Science of Art'. An Interview with Anthony Freeman, in: Journal of Counsciousness Studies, 8 (2001), S. 11 f.
[39] Zeki, Semir, Inner Vision. An Exploration of Art an Brain, S. 8.

Wille und Vorstellung" erinnert. So bemerkt Schopenhauer einleitend über das Wesen der Kunst: „Nicht bloß die Philosophie, sondern auch die schönen Künste arbeiten im Grunde darauf hin, das Problem des Daseins zu lösen. Denn in jedem Geiste, der sich einmal der rein objektiven Betrachtung der Welt hingibt, ist, wie versteckt und unbewusst es auch sein mag, ein Streben rege geworden, das wahre Wesen der Dinge, des Lebens, des Daseins zu erfassen." Weiter heißt es: „Jedes Kunstwerk ist demgemäß eigentlich bemüht, uns das Leben und die Dinge so zu zeigen, wie sie in Wahrheit sind, aber durch den Nebel objektiver und subjektiver Zufälligkeiten hindurch nicht von jedem unmittelbar erfaßt werden können. Diesen Nebel nimmt die Kunst hinweg."[40]

Problematisch ist, dass der Begriff Essenz in den miteinander verglichenen Arbeiten unreflektiert in die wissenschaftliche Argumentation übernommen wird, ohne den historisch-philosophischen Diskurs, die Schwierigkeiten und Einwände, wie sie beispielsweise Locke thematisiert hat, zu berücksichtigen. Während Ramachandran und Hirnstein lediglich den Künstler allgemein in der Verantwortung sehen, das Essentielle in der Welt herauszuarbeiten, überträgt und unterstellt Zeki dies auch dem Forschungsinteresse der modernen Neurobiologie.

Die Frage, wie sich diese Auffassungen der Autoren erklären lassen, wurde mit einem Brückenschlag zur Theorie der Wahrnehmung beantwortet. Hierbei stellte sich heraus, dass die Kunstdefinitionen vermutlich zu einem nicht unbedeutenden Teil durch die von den Autoren jeweils vertretenen Wahrnehmungskonzepte bestimmt werden. Inwiefern jedoch diese Vermutung zutrifft, konnte aufgrund des eng gefassten Rahmens der Aufsatzfragestellung nicht separat und nicht gründlich behandelt werden.

---

[40] Schopenhauer, Arthur, Die Welt als Wille und Vorstellung, textkritisch bearbeitet und hrsg. v. Wolfgang Freiherr von Löhneysen, Bd. 2, Stuttgart/ Frankfurt 1996, S. 521 f.

# Bibliographie

*Breidbach*, Olaf, Das Anschauliche oder über die Anschauung von Welt. Ein Beitrag zur Neuronalen Ästhetik, Wien/New York 2000.

*Eibl-Eibesfeldt*, Irenäus, The Biological Foundation of Aesthetics, in: Rentschler, Ingo; Herzberger, Barbara; Epstein, David (Hrsg.), Beauty and the Brain.

*Ereshefsky*, Marc, Matthen, Mohan, Taxonomy, Polymorphism and History: An Introduction to Population Structure Theory, in: Phylosophy of Science, 72 (2005).

*Gotthelf*, Allan, Lennox, James (Hrsg.), Philosophical Issues in Aristotele' Biology, Cambridge 1987.

*Kreiser*, Imke, Laokoon im einundzwanzigsten Jahrhundert oder die Neurobiologie der Ästhetik, Diss., Bochum 2002.

*Liske*, Michael-Thomas, Aristoteles und der aristotelische Essentialismus, München 1985.

*Locke*, John, Versuch über den menschlichen Verstand, Bd. 2, Hamburg 1988.

*Paul*, Gregor, Philosophical Theories of Beauty and Scientific Research on the Brain, in: Rentschler, Ingo; Herzberger, Barbara; Epstein, David (Hrsg.), Beauty and the Brain.

*Pellegrin*, Pierre, Aristotele's Classification of Animals, Berkeley 1986.

*Ramachandran*, V. S. und Hirnstein, William, The Science of Art. A neurological theory of aethetic experience, in: Journal of Consciousness, 6 (1999).

*Ramachandran*, Sharpening Up ‚The Science of Art'. An Interview with Anthony Freeman, in: Journal of Connsciousness Studies, 8 (2001).

*Rentschler*, Ingo; Herzberger, Barbara; Epstein, David (Hrsg.), Beauty and the Brain. Biological Aspects of Aesthetics, Basel/ Boston/ Berlin 1988.

*Roth*, Gerhard, Das Gehirn und seine Wirklichkeit. Kognitive Neurobiologie und ihre philosophischen Konsequenzen, Frankfurt/ Main 1997.

*Roth*, Gerhard, Aus Sicht des Gehirns, Frankfurt/Main 2003.

*Schopenhauer*, Arthur, Die Welt als Wille und Vorstellung, textkritisch bearbeitet und hrsg. v. Wolfgang Freiherr von Löhneysen, Bd. 2, Stuttgart/ Frankfurt 1996.

*Stamos*, David N., The Species Problem. Biological Species, Ontology, and the Metaphysics of Biology, New York 2003.

*Zeki*, Semir, Inner Vision. An Exploration of Art an Brain, Oxford 1999.

*Zeki*, Semir, Art and the Brain, in: Daedalus, 127 No. 2.

# BEI GRIN MACHT SICH IHR WISSEN BEZAHLT

- Wir veröffentlichen Ihre Hausarbeit, Bachelor- und Masterarbeit
- Ihr eigenes eBook und Buch - weltweit in allen wichtigen Shops
- Verdienen Sie an jedem Verkauf

Jetzt bei www.GRIN.com hochladen und kostenlos publizieren

www.ingramcontent.com/pod-product-compliance
Lightning Source LLC
LaVergne TN
LVHW092103060526
838201LV00047B/1553